W0208175

Jürgen Eichel

Nordhessische Mundartgeschichten

Hä unn sä unn annere Liere

Bildnachweis
Alle Bilder stammen aus dem Archiv Jürgen Eichels.
Titelbild: ullstein bild (Fritz Remus)

1. Auflage 2017
Alle Rechte vorbehalten, auch die des auszugsweisen Nachdrucks und der fotomechanischen Wiedergabe.
Layout: Da Forma Agentur für Gestaltung, Gudensberg
Satz: Schneider Professionell Design, Schlüchtern-Elm
Druck: Druckerei Zimmermann Druck + Verlag GmbH, Balve
Buchbinderische Verarbeitung: Buchbinderei S. R. Büge, Celle
© Wartberg-Verlag GmbH
34281 Gudensberg-Gleichen, Im Wiesental 1
Tel. 0 56 03 - 9 30 50 www.wartberg-verlag.de
ISBN 978-3-8313-2995-3

Inhalt

Liebe Freunde der Nordhessischen Mundart

Zugegeben, sie ist nicht leicht zu lesen und hat ihre Tücken. Wer kann schon nachvollziehen, dass ein Kind als „Kend“, zwei und mehrere Kinder als „Kenge“ bezeichnet werden, von ihren Eltern spazieren gefahren, aber im „Kinnerwöhn“ sitzen und später den „Kinnergoorden“ besuchen.
D i e Nordhessische Mundart gibt es ohnehin nicht, fast in jedem Ort wird sie unterschiedlich ausgesprochen. Daher ist es besonders schwierig, sie so zu verschriftlichen, dass sie überall gelesen und verstanden werden kann.
Ich selbst habe in meiner Kindheit Mundart nicht sprechen dürfen, als Lehrerskind war mir das verboten. Gleichwohl habe ich den Klang und die Sprache meines Heimatdorfes aufgenommen und mitgelernt.
Als ich mich an eigenen Mundarttexten versuchte, konnte ich auf keine Wörterbücher oder gar einen Duden zurückgreifen, wenn die Schreibweise zu Problemen führte. Ich musste dem Klang gehorchend die Geschichten aufschreiben. So finden sich darin Wörter, an denen man beim lauten Lesen ausprobieren muss. Beispiel gefällig?
Das hochdeutsche Wort „satt“ heißt in der nordhessischen Mundart „sood“. Ein wenig muss man aber auch ein „a“ hören. Deshalb habe ich in meinen Texten gelegentlich dem „oo“ ein „a“ angehängt oder dazwischen geschoben. Folglich heißt „satt“ bei mir „soaod“.
Meine Empfehlung lautet: Lesen Sie die Texte laut, spielen Sie dabei ein wenig mit Ihrer Stimme und vergessen Sie das Hochdeutsche!
Viel Spaß dabei wünscht Ihnen
Jürgen Eichel

For your baby

Nä, dä Liere, doss ess nid Bladde, disse Schbrache ess Englisch unn minnd in Mundard: Fähr dinn Bääbi. Unn worimme honn ich doos hieh uffgeschrewwen? Na, dann leesed moh!

In den ledzden Doochen vom ledzden Krieche wuullde son Bääbi uff de Weld kummen. Es wohr emme zu enge geworren im Buche sinner Mudder, sä kunnden nidd meh woaorden. Der Kendsvooder wohr nidd drheeme, hä wohr als Soldade in eenem von den Gefangenenlaachern unn kunnde midd sinner Fröh nidd ins Grankgenhüüs ginn. Doh mussde de kleene Schwesder der werdenden Mudder mirre ginn.

Ich benn doh – unn richdich froh.

Als die beeden nu unnerwächens wohren, goagde uff eemoh son großer Kerle midd nem schwarzen Gesichde ganz lühre unn beese: „Stopp!“ Hä wohr enn Soldade vonn den Ammis, der uffbassen mussde, dass keener am Oowed uff der Schdrohse umhersüüsde. „Ausgangssperre“ hieß dohs. De Ammis hadden nämlich öö de kleene Kurschdohd in Dieringen inngenommen unn wardeden am Ennge vom Abrill uffs Ennge vom Krieche.

Die Frochen wohren joh uff dem Wäch ins Grangkenhüüs unn kunnden sich nidd an de Ussgangsschberre hahlen, doss Bääbi hodd joh gedrigged unn wullde russ. Doss honn se dem Kerle in Unniform gezeechd unn hä hodds zum Gligge öö verschdinn. Unn woss machde hä? Hä paggede in sinne Kibbe, nohm een gleenes Bäggchen rüss, goobs der Fröh un blisberde: „For your baby.“ Unn woss wohrs? Eene Daafel Schoggelade!

Obb desderwächen der Junge schbärer so gerne Schoggelade gegässen hadde? Nur gudd, dass in dem gleenen Bäggchen kinne Zigaredden wohren!

Doss wohr Schbiddze

Ich hadde mich mid minnem Freund in Parrsch Goorden verabreded. Doo honn mä immer Fussball geschbähld und bruchden nidd bis uffn Schbordbladz zu lööfen, will de Wisse von der Kerchengemeene direggd an dem Dorfbache loohg. Meerschdendeels wohren mä nur zu zwedd, so vähle Kenge in minnem Aahler gob es nidd. Doh honn mä so mänchen Nummedooch rimmegegrechd und vähle Spass gehadd.

An een Dengen kunn mä inns noch gudd erinnern. Immer, wenn minn Kinnerfreund Dieder unn ich uns irchendwo begächnen und von frieher schwaddzen unn nidd übber die Krankheeren, die mä graare honn, kunn mä ins kapuddlachen. Unn worimme?

Mä hadden mo wirre midd dem Ball geschbähld unn uff een Door geschossen, doo kohm dr Ongkel Herrmann. Eechendlich hieß hä Herrmann Hilgenberg, de ahlen Liere nannden ihn Kamms Herrmann. Sinne Großmodder wor ne geborene Kamm, un wenn im Dorfe moh soon Noome in den Köppen drinne wor, blibb hä doo eewich unn immer. Abber mä Kenge honn zu allen älleren Lieren Tande orren Ongkel gesähd, also wohr hä vähr ins dr Ongkel Herrmann.

Hä wullde ins zeechen, wie sohn richdiger Fussballschbähler an den Ball dridd unn nidd wie mä mid dr Schbiddze vom Schuh. Hä lächde sich den Ball aggurade hinne und drehde sinnen rächden Fuhs vom Gummischdiwwel son bisschen uff de Siiere, doss hä schebb wohr un schbrog: „Gugged moh, dä Jungen! Soo mudd dä schießen, dann kimmed dr Ball richdich fesde unn genau dohin, wo hä hinn sall unn nidd wie biih uch mänchesmoh sogoor in den Bach. Ich zeeche doos jedzemoo."

Hä nohm enn poor Schridde Anlööf und wullde geechen den Ball demmeln. Awwer hä hodd in de Äähre gedrorren unn looch uff sinnem Büche im Groose.

Wos honn minn Freund Dieder unn ich gelachd, besonners dann, wenn dr Ongkel Herrmann wirre wegg wohr, unn mä kinne Anngessd meh vähr emme hanne mussden.

So, unn wie gesähd, wann mä ins hirre moo dreffen, iss disses Dengen immer noch ein lossdiches Dehma.

Der Schdeen ussm Glase

De Jungen vom Dorfe hadden moh wirre nammiddochs uffm Schuhlhoope Fussball geschbähld. An de Wänd von der Schuhle wohr mid Kreere doss Door uffgemald unn dodruff honn nu alle gedemmeld. Der Doormann hadde ne Kabbe uffe wie soon echder Doormann ussm Fernsehn. Hä wohr richdich gudd und vähle Bälle hodd hä gehahlen.

Deswächen wohren en baar Kenge addzelich und fingen zu mähren und zu zänkgen oahn. Na, unn wie doss so gehd, honn sä oahngefangen sich mid Schdeenen zu werfen unn wullden nidd meh mid dem Ball schbählen.

Uff eemooh hadden sä neben dem uffgemahlden Door soon gleenes Kellerfensder geseehn und doos wurde nuh een nuches Ziel. Zum Gligge hadde es kinne Schiebe unn es kunnde niggs

Vorraad fähr den Winnder muss sinn.

kapudd ginn. Doos hadd den Kengen so richdich Spass gemachd und bih jedem Dreffer honn sä vor Freere gegoagken: „Door!“ Jedze wohr es wirre gänz friedlich, keener hadd gemährd unn gezänked.
Am nächsden Moorjen koom der Schullllehrer in de Klasse, hadde in eenen Labben woss inngewiggeld und dahd gänz geheimnisvoll und zeechde es den Kengen. Eener mussde es usswiggeln und nu loog uffm Dische enn Schdeen mit besonneren wissen Schdreefen. Alle mussden iwwerlähchen, wo der besonnere Schdeen herkoom.

„Honn sä den Schdeen dann im Goaorden bie den Gardüffeln gefungen?“, fraachde eener. Der Schullllehrer schiddelde den Kobb. „Honn sä den Schdeen dann ussm Urlööb mirregebroochd?“, wohr de neggsde Fraache. Doss wohr öö nidd richdich. Keener hadde noch ne anngere Idee.

Endlich koom vom Schullllehrer die Ufflösung: „Diesen Stein habe ich in unserem Vorratskeller in einem kaputten Einmachglas mit Kirschen gefunden.“
Do grichden uff eemoh enn boohr Kenge nen rooren Kobb unn roore Oohren. Doss hinnger dem kleenen Kellerfensder der Schullllehrer un sinne Fröh de Weggläser midd dem Inngemachden im Regal schdehen hadden, doss honn sä nidd gewussd.

Gediddschd unn gegrischen

Die Kenge, die in den fuffzicher Johren in de Schuhle gingen, honn sich nammiddaachs meerschdendeels uff dem Schuhlhoope zum Schbeelen gedroffen. Offd schbeelden sä Verschdeggeln, orrer mid nem Ball, orren hibbden mit nem Schbringseel. Fasd alle kohmen mit Kucheln uss Glas in nem gleenen Biedelchen. Domirre hadden de Kenge de ganze Zidd ähren Schbass.

Mid nem Absadze vom Schuh wurde een Loch in de Äähre gedrehd, doss wohr danns Ziel fähr de Kucheln. Die mussden nuh mid dem Zeechefinger dorinn geschossen werren. Hä wurde so grumm gehahlen wie ne Banane un uff der Äähre hergeschobben. Wenn zwee Kucheln sich draafen, honn alle Kenge geroffen: „Gediddschd!", unn de Kucheln kohmen ins Loch. Wenn alle drinne woren, grichde se der, der zeledzde geschoben hadde.

Bie dem Schbeel goob es Kenge, die gänz besonners geschiggd wohren unn dos Biedelchen schnell voll hadden. Jo, unn wenn eener gewinnd, muss öö eener verlieren. Der wohr dann firchderlich draurich, wenn sinn Biedelchen immer lerricher wurde unn fing ohn zu grischen. Dass kunnden de meerschden der angeren Kenge abber nidd usshahlen unn gooben von den gewonnenen Kucheln zweie orrer dreie zerigge. So kunnden alle am Daache druff wirre zusammen schbeelen.

Am Oowed mussden de Hänge gewäschen wären, abarde der krumme Finger. Hä wohr oft gänz uffgerissen von der Schieberei uff der Äähre, dass hä mid Nivea inngeschmährd wurde.

De Murmeln munn ins Loch.

Als in den sechzicher Johren derch den Weddbewerb „Unser Dorf soll schöner werden“ veele disser Schpeelschdellen mit Blasderschdeenen zugedegged orrer mit Grohs inngesähd wurden, honn de Kenge diss Schbeel vergessen.

Dibben ungerm Bedde

Wos ich jedze uffgeschrewwen honn, kuun sich inse Kenge unn Engkelerchen nidd vährschdellen.

Als mä jung wohren, wurde eemoh am Sünnoowed gebodd. Uff dem Kichenherde machde inse Mudder in dem grissden Dobbe Wasser heeß. Doss schöbbede sä in ne Wanne uss Zink, die uff den Dielen schdand. Unn dann gings los, een Kend noh dem anngeren gledderde rinn und wurde gewäschen, dos dreggichsde kohm zerledzde drohn. Ab unn zu schiddede inse Mudder fresches Wasser in de Wanne, mä Kenge hadden bimm Wäschen öö vähle rüssgeblädschd. Als nuh alle drohne wohren, honn sich inse Ellern öö gebodd un de Mudder hingerhär de dreggiche Wäsche derchgedrigged unn de Kiche uffgebudzd.

Am Sünnoowed gobs fähr alle frisch gewäschene Üngerwäsche unn Schdrimbe. Doos wohr eben so unn kenner hodd gedoochd: „Ich benn een Schwinn!“ Wenn mä dann im Bedde loochen, honn mä ins hibbsch in de worme Federdegge rinngekuscheld, es goob in den Schloofschdubben kinne Heizung. Öö nidd im Winder, dann hadden mä mänchesmoh gefrorene Deggen vähr der Noose unn Blummen uss Iss ohn den Fensderschieben.

De meerschden Liere hadden ähr Klo drüssen fähr dem Hüüse, doss wohr enn Blummsklo ohne Wasser. Mä kunnden öö de Hänge nidd wäschen. Abber in der Noochd äss kinner rüss-

Sünnoowed wohr Badedaach.

geginn, jeeder hadde unger sinnem Bedde son Henkeldibben schdinn. Unn wer mussde, machde sinn Gescheffd doninn unn brochde es am neggsden Moorjen uffs Blumbsklo. De Noose hodds gemerged, wenns moh verrgessen wurde.

Doss alles wohr irrschd verrbie, als de Kläranlaachen gebuchd worren sinn. Dann kohm die gänze Dreggbrieh öö nidd meh in de Bäche unn Flisse!

Schäämsch

Drissich Johre noh ährem Abbi honn sich die zwee wirre moh gesähn unn öö glich erkännd. Sä wohr nu ne Doggdersche geworren unn hä zänngede sich midd den Kengen von anneren Lieren rimm. Doribber honn sä sich unnerhahlen unn übber ähre eechenen Kenge unn woss die uss ährer Abbiglasse so mahn – unn übber woss me so kedscheld.

Sä wussde noch vähle von der Dänzschdünne unn hodd emme mänches verzahld, woss hä länngesd nidd meh im Kobbe hadde. Hä wohr nidd irchendeener von den Dänzern, die mid fuchden Hänngen unn Drobben uff der Schdirne mid den Määchen Walzer unn Bluhs üben mussden, nä, sä hadde en Ööche uff enn gehadd. Abber hä wohr so schäämsch, hodd sä zwarsch immer gänz lieb ohngegoggen, gesähd hadde hä kinn Word zu emme. Dobie hadde hä in sinner Klasse allen von dem hibbschen Määchen verzahld unn doss hä vährhadde, ess zum Abschlussfesde innzulooren.

Hibbsch zurechde gemachd fährs Dänzschdünnenfessd.

Disse Idee hadde sich nu gänz langsam rimmgeschprohn, alle Määchen wussden dovonne unn öö sinne „heimliche Liebe“. Alle uss der Dänzschdünne fraachden emme bahle enn Loch in sinnen Büch: „Hossdess dann nu inngeloaren, hossde dann midd emme moh geschwadzd? Ess ess doch in drei Wochen der Ball.“ Unn woss grechden sä zu heeren: „Ich maches schonn noch!“

Piffendeggel, niggs hodd sich gedohn! Eene Woche vähr dem Dänzfesde hodd dann een annerer 's Määchen gefraachd unn ess mid emme uffs Fesd geginn. Unn hä, der so schäämsch wohr, blibb drheeme.

„Wie, du hossd gewussd, doss ich vährhadde dich innzuloaren?“, frachde hä sinne Middabbiduriendin, „worimme hossd du mich dann nidd gefrochd?“ „Nee, zu disser Zidd ging das nidd, doh wohr vähles noch angerschder!“

Aahld werren blohs de anngeren

Hossd du dann schonnemoh Liehre oohngegoggen, die so ahld sinn wie du unn dohbieh gedoochd: „Seeh ich dann öh so ahld uss wie dieh, doss kann doch nidd sinn!“

Wann du schbrähsd: Joo, dann äss diss Dängen wos fähr dich!

Ich heeße Glaudia unn sahs färn baar Wochen im Wardezimmer bie nem nüchen Zahn-Doggder. Ohn dr Wänd hing sohn Dibbloohm midd sinnem Nohhmen druffe. Doh fill mä uff eemoh sohn grohser, hibbscher Kerle inn, der fähr fümmendrissich Joohren in minner Abiklasse wohr. Obb doss wohl der gliche Junge äss, den ich damals so toll fand, honn ich gedoochd.

Abber als ich enn dann so oahnguggde, sähde ich fähr mich: Näh, doss kann nidd sinn! Hä wohr nämlich gänz aahld, sinne Hoaore wohren grau unn zimmlich dinne, diefe Fallden hadde hä öö im Gesichde. Vähr minn Klassenkammerad vonn frieher wohr där v ä ä l e zu ahld!

Abber, als hä ferdich wohr midd minnen Zähnen, hann ich dann doch gefraachd, ob hä öö in de Geschwister-Scholl-Schule geginn wäre.

Doo wohr hä zimmlich baff unn sähde: „Joo, doo wohr ich.“ „Unn wann honn sä Abbi gemachd“, honn ich gefraachd? Unn wos grechde ich zur Ändword: „1975, worimme fraachen Sä dann?“ „Sääh wohren in minner Klasse“, honn ich geandworded.

Unn doh hodd hä mich oahngegoggen, disser ahle Kerle, hässlich wohr hä, fassd ohne Hoaore, die öh noch grau wohren, midd sinnen diefen Fallden im Gesichde unn nem richdich diggen Hinngerschden unn hadd gefraachd : „Woss honn Sä dann damahls unnerrichded?“

Gedoochd fährn Geburdsdooch

Als de drei Schduudenden uss dem Kino kohmen, hadden sä noch Lossd uffn Schobben unn landeden in eener Kellergneibe. Am Inngang sahs son Uffbasser uff nem Barhogger, guggde sä gänz lange ohn un liss sä dann doch rinn. „Sähn mä dann uss wie Grimminelle?“, hodd eener gefrachd unn grechde zur Ändword: „Doss kann me den Menschen meerschdens nidd ohnsähn.“

In der Gneibe wohr richdich woss loose. Uff ner kleenen Biehne schdanden zwee Kerle mid Gidarren und schbeelden unn veele junge Liere dänzden zur Mussige. Abber die drei Schduudenden hadden jo Dorschd un wullden ähre baar Schobben süffen.

Noh ner gänzen Wille googde uff eemoh eener von der Bedienünge: „Ess ess Fieroobed, mä mahn glich zu, dringked üss, es gibbed niggs meh!“ De meerschden Gäsde wohren öö schonn lange geginn unn sä wohren de ledzden.

Uff dem Wäche no drüssen kohmen die dreie wirre ohn dem Barhogger verbie, ohne den Uffbasser. Unn doo paggde eener den Barhogger unger den Arm unn süüsde de Drebbe nuff. Die angeren hingerheer und fraachden: „Woss wedd du dann mid dem Dengen?“ Sä grechden zur Ändword, doss sinn Vooder geraare ne nüche Bar in ährem Keller büchd unn der Hogger enn prima Geschengke fähr den Geburdsdooch wäre.

Uff dem Weeche in ähre Schduudendenbuuden honn sä ne Menge Schbass gehadd unn dummes Zeech gemahd: Mülleemer immegeschmessen orrer hingern Goardenzöhn geschdaahld – woss jungen Lieren so inn den Kobb kimmed, wenn sä woss gedrungken honn.

Uff eemoh hilld enn Audo ohn, ne Deere ging uff, een Kööder kohm rüssgehibbed unn öö een Polizisde. Doo honn die drei Schduudenden nu ähr Fedd obbgegrechd: Sä wurden fähr den nächsden Daach uff de Wache beschdahld, honn äre Üsswiese obbgähn murren unn geschimmbed krechden sä öö noch.

Am nächsden Moorjen wohren sä dann uff der Wache, honn ne gänz scheene Moralpredichd ohnheeren murren unn zehn Mark bezahld, wechen eenem „Dummer-Jungen-Streich“. Niggs wohrs midd nem Geschengke fähr den Vooder.

Uff digge Hose maahn

Sä kannden sich schonn lange, wohren zusammen in der Seggsda gewähn, hadden uff ährer Schuhle öö Abbi gemachd und nuh schaffden sä an der Unni dos Eggsahmen zur glichen Zidd.

Wenn doos moh kinn Grund fähr ne ordendliche Feier wohr. Irschdemoh honn sä in vählen Kneiben en poor Schobben in sich rinngeschüdded. Der Alkohol machde sä so richdich grohs unn schdark un eener koom uff die Idee, moh in sohn Edablissemoh zu guggen. So woss kannden die dreie noch nidd und doochden, sä kunnden eenen uff „digge Hose" mahn.

Abber will sä in den Kneiben schon vähle von dem Gelle fähr Bier ussgegähn hadden, suchde jeder in sinnem Bordmonnäh noh den ledzden Groschen. Mid fassd drissich Mark machden sä de Dähre uff unn drauden sich rinn.

Es wohr hibbsches rodes Lichd ohn unn so zwee junge Mennscher kohmen uff sä zu und führden die „Herren" an eenen Disch in eener dungklen Egge. Alls sä nu öö woss beschdellen sallden unn uff der Gedrängkekoaorde de Breise ohngoggden, grichden sä dann doch enn Doorenschreggen.

Fähr ne Flasche vom billichsden Roodwinn honn de drissich Mark so graare eeben geschigged. Doos hadden die dreie nidd erwarded, öö nidd, dass eens vonn den Mennschern sich uff den Schohs vom kleensden sedzde unn Schammbannjer wullde, siisden würde sä öö nidd fähr sä dänzen.

Zum Gligge fing abber nu de Musigge ohn unn een Mennsche dänzde fähr angere Gäsde. Doo hadden die drei irrschdemoh Ruhe und kunnden öö uff de hibbsche Dänzerin schdieren. Doos hadd eenem noh ner Wille so gudd gefallen, doss hä goagede: „Tamara, ziehs Höschen aus!"

Abber nuh woor woss loose, de Mennscher kohmen an den Disch, hadden son Muggikerle mirregebroochd, der sähde: „Nuh abber rüss hie, keene Kohle in der Kippe fähr en poor Gläser Schammbannjer, abber eenen uff digge Hose mahn. Rüss hie, mäh sinn doch keene Wardehalle!"

Soaod gegrechd

Doh grechde de Omma abber ähre Brobleme: der Engkel wullde se am nächsden Sünndooch wirre moh besichen. Hä wohr öö lange nidd meh bie sinner Omma gewähn. Sissden kohm hä schnell moh rinn unn schwaddze, abber nu ess hä bie sinne Freundin gezoohn unn hadd nidd meh so vähle Zidd fähr doss ahle Mensche.

Doos wussde de Omma noch: immer, wenn hä kohm, hadde hä vähle Hunger unn Lossd uff Kuchen unn Bläddzerchen. Eemoh hadde sä ne gänze Schissel midd sinnen Lieblingsbläddzerchen uff den Disch geschdahld unn die hodd hä so schnell uffgegässen, so schnell kunnde sä nidd guggen. Unn dann hodd hä geminnd: „Omma, hossde dann nidd noch ne Schissel voll?" Nee, es wohren kinne meh doh!

Das sullde am neggsden Sünndooch nidd wirre bassieren, hodd de Omma gedoochd und ne Schbringform midd Schoggeladenkuchen gebaggen. Fähr alle Fälle wohr noch ne Düdde mit Bläddzerchen im Schrangke.

Am Sünndooch hadd nuh de Omma den Disch hibbsch gedegged unn wardede schon moorjens uff den Besuch, obwohl hä geminnd hadde, vähr halber viere ess hä nidd doh.

Als der Engkel nu endlich koom – hä wohr genau zu sinner ohngesähden Zidd doh, honn sä sich irschdemoh gedrigged. Sä hodd gefroochd unn hä mussde von sinner nuchen Freundin verzellen. „Joo, Omma, ess ess de Richdje!“ Doos hodd hä bie dem ledzden Mensche öö gesähd, hodd de Omma gedoochd, abber ähre Schnudde gehahlen.

„Omma, woss hossde dann fähr mich zu essen, ich honn wirre soon Hunger. Es goob hirre niggs zu Middaach, mä wohren soo miehre unn gänz lange im Bedde.“

Als hä den Schoggeladenkuchen fähr sich hadde, wohr hä in sinnem Elemende. De Omma grechde zwee Schdiggerchen unn wohr soaod, abber hä schdobbede alszu een Schdigge nach dem anngeren in sich rinn. Hä wurde nidd soaod.

Ommas Düdde midd den Bläddzerchen ussm Schrangke wohr dann sinne Reddung. Hä nohm eens unn minnde: „Omma, jedze benn ich soaod!“
„Ach, minn Junge, wenn ich gewussd hädde, doss so een kleenes Bläddzchen schigged, hädde ich den Schoggeladenkuchen gornidd zu baggen bruchen!“

Schauschbeehl ohne Mussigge

Der Schullehrer hadde fähr die Dorfliere wirre moh ne Fohrd midd nem Bus ins Deeaader organisierd. Hä hadde gedoochd, der „Biberpelz“ von Gerhard Hauptmann ess so doos richdiche fähr alle, doobie kunn alle de Worde öö gudd verschdinn. Ledzdens hadden son poor gegnäded, sä wullden bie der Ober „Hänsel und Gretel“ vähles nidd richdich mirregegrechd honn.

Unn nuh sahsen alle uff ähren Pläddzen unn bassden hibbsch uff. Wenn der Schullehrer hingerhär im Busse woss fraachd, wullden sä jo öö ändworden, wo hä sich immer so vähle um de Kulduhr im Dorfe kimmerde.

Hä wohr nidd nur der Schullehrer, hä schbählde sünndoochs de Orrjel in der Kerche, fodografierde bie den Hossichen im Dorfe, schrebb Ardiggel fähr de Zierünge, hadde den Kohr ünger sich und broochde den Kengen im Dorfbache dos Schwemmen bie.

’s Änne wohr nu im Deeaader langsam miere geworren un inngeschloofen, ess hadd nidd so vähle verschdinn von dem Gemache uff der Biehne. Der eene Schauschbeeler schwaddzde öö nidd lüüre genungk. Abber als doss Schdigge rimm wohr und alle Liere kladschden, worde ’s Änne wirre wach und fesde bie der Kladscherei dobie.

Der Schullehrer hadde ’s Änne im Deeaader beobachded un ess dann im Busse gefraachd: „Na, wie wohrsch dann hirre, honn Sä dann alles verschdinn?“ „Ach, Herr Lehrer, ich wees nidd, biem ledzden Moh worsch zu vähle Mussigge, abber Deeaader gänz ohne soon boor hibbsche Lieder, well ich öö nidd honn!“

Gligge gehadd

De jungen Liere hadden sich immer gezängked, wenn es ums Audofohren ging. Hä wullde nidd mit emme mirrefohren, will hä doochde, ess ess nidd sicher bie der Fohrerei. Unn sä minnde, wenn sä nidd fohren deff, kinnde säs öö nidd besser lernen.

Dabei hadden sä zur glichen Zidd den Führerschinn beschdannen unn zusammen doos irschde Audo geklööfd. Es wohrn roder gleener Rönoh mid so ner komischen Knibbelschaldung. Domirre hadden alle beede ähre Brobleme. Abber hä hodd gedoochd, hä hädde die besser im Griffe und deshalb wullde hä immer dann fohren, wenn sä zusammen wohinne mussden.

Unn dann wohren sä moh inngelooren unn sahsen zusammen midd ner losdichen Drubbe. Es wurde geschwadzd unn gelachd unn öö vähle gedrungken. Abarde hä hodd sich ganz hibbsch eenen hinger de Binde gegossen un sä hodd gedoochd: „Wie well der inns dann heemfohren?“

Als ess dann nu so widd wohr, minnde hä gänz friedlich: „Ess ess besser, du fährschd, ich honn zu vähle gedrungken. Ich fohre nur schnell riggwärds uss der Bargligge, du besd dobie immer so dabbich.“ Doss hodd hä so grahre noch geschaffd ohne an angere Audos zu schdumben, schdich üss unn sedzde sich uff den Siddz, wo sisden nur sinne Fröh siddzen sullde.

Die lengkde nu den kleenen Rönoh gänz sicher, bis sä in eenem Dorfe uff der Brigge von zwee Polizisden mit Blaulichd unn Kelle uffgehahlen wurden. Uff die Frache: „Haben Sie was getrunken?“ kunnde sä ändworden: „Ich nidd, abber minn Mann, hä schläfd gerare neben mä.“ „Na, dann fohren sä enn mo sicher heem! Zum Gligge hodd hä nidd gefohren!“, kohm ne Ändword uff Bladde.

Droggenduscher

Warmduscher sinn jo den meerschden Lieren bekännd, abber hodd dä dann schonnemoh von Droggenduschern gehurrd? Näh, dann bassd hibbsch uff!

Der Schbordvereen in so nem gleenen Kaff wohr gänz schdolz uff sinne nuche Dusche im Umkleerehisschen vom Schbordbladze. Alle Handballschbähler hadden mirre geholfen und vom Dorfe uss ne fasd dausend Meder lange Wasserlierunge verleechd. Doos woor ne gänz scheene Dorduhr, veeles mussde midd Hagge unn Schibbe geschaffd wären.

Am Daache der Eröffnung goob es een Schbeel geechen ne Mannschafd uss der Schdohd. Immer wenn disse Handballer doh wohren, honn sä sich lusdich gemachd unn wooren beese, doss sä nidd duschen kunnden. „Gehd dä dann zum Wäschen noch in de Zinkbohrewanne in der Kiche, orrer verlichde noch in uche Dorfbächleen?“, hodd moh eener gefraachd. Na disse Fraache bruchde hä nu nidd meh schdellen, de Dusche wohr joo ferdich.

Als doos Schbeel nu verbie wohr, kunnden de Gäsde zuirrschd zu den Duschen ginn. Es goob abber nur zwee Brüüsen,

Unn nooh dem Schbeel unnger de Dusche.

deshalb hodd es lange geduuerd, biss öö die leddzden zwee Schbeeler drohne wohren. Sä hadden sich hibbsch inngesööfd, do kohm blödzlich kinn Wasser meeh. Alles Geschimmbe hodd nidd geholfen, öö nidd de Dreherei ohn dem Wasserhahne, die zwee wohren im Droggenen.

Unn woss wohr bassierd? Der Schbähler vom Dorfe, von däme sinnem Hüss de Wasserlierunge obbging, wohr heem geginn in sinne Dusche und hodd sich gewäschen. Deshalb wohr nidd meh genüng Drugg uff der Lierunge zum Schbordbladze unn die uss der Schdod hadden kinn Wasser meh. Die kohmen in den neggsden Johren nidd meh so gerne uffs Dorf zum Handballschbählen.

Eggsberdendesd

Fährn boor Daache wooren zwee Klassen mid ähren Schulllehrern in eenem Landschulheem gewähn, enn Vooder unn ne Mudder wooren als Uffsichd öö dobie.

Der Lehrer hadde üwwerleechd, woss hä midd den Kengen doh alles maahn kunnde. Will hä veele Blummen uss sinnem Goorden und von Schbaziergängen mid sinner Fröh kannde, wohr glahr: De Kenge sullden de Nohmen der Blummen uff den Wanderungen lernen.

Doos woor gänz eenfach: Immer wenn der Schulllehrer eene soog, blibb hä schdinn, suchde sich zwee Kenge üss unn sähde enn de Nohmen. Die mussden allen anneren öö de Nohmen

Gugged moh, woss ich hie gefunngen honn!

verrohren. So kannden veele Kenge dann öö veele Blummen: Teufelskralle, Weidenröschen, Kuckuckslichtnelke, Sumpfdotterblume, Sauerampfer, Wiesenschaumkraut unn annere öö. Wenn der Eggsberde an sinne Grenzen kohm, guggde hä in seenem gleenen Buche „Was blüht denn da?" Nach zwee Daachen goob es dann öö bie den Kengen schon kleene Eggsberden, die ne Menge wussden.

Am dridden Daache sullden alle Kenge eenen Löwenzahn ussgraben, ohne sinne Worzeln kabudd zu maahn. Alle hadden von drheeme soon gleenes Schibbchen mirregebroochd. Disse Uffgabe wohr gänz hibbsch schwere, die meerschden Löwenzähne hadden abgebrochene Worzeln un der wisse Saffd kohm rüss.

Bahle sullde es wirre heemginn, da hadde der Eggsberde de ledzde Idee: „Bringt eine Pflanze mit, die ich nicht kenne." Dodruffe sühsden de Kenge los unn kohmen midd veelen Blummen und Gräudern zerigge – hä wussde alles!

Abber dann! Sinne Kolleechinn unn zwee Kenge hadden een Schdengel in der Händ unn lächelden den Eggsberden ohn. „Na, woss iss dann doos fähr ne Blumme?" Hä drehde den Schdengel in sinnen Fingern und üwwerlechde ... unn dann kohm de Eggsberdenändword: „Das ist eine Schefflera, sie steht im Speisesaal und ihr habt drei Blätter abgezupft." Doo wohr der Abblaus riesengroß. Doss hä disse Blumme zum irschdenmoh vähr zwee Wochen im Blummenloohren gesähn hadde, hodd hä abber nidd verroohren!

Verdrigged

Der Voder vom Landschulheemuffendhahld unn der Lehrer honn sich dann nooh enn boor Wochen vähr dem Kööfmännslohren am Sünnoobend gedroffen unn son besschen geschwadzd. Säh hadden jo öö vähle zu verzällen.

Der Schullehrer wüngerde sich, dass der Voder biem Handballschbeelen midd den Kengen gänz vähle Driggs druffe hadde. Hä kunnde hinger sinnem Riggen den Ball zu anneren schmissen, den Ball so uff de Eere dibben, doss dähr enn Bochen machde unn wenn hä uffs kleene Door warf, doh hadds abber gerabbeld!

Der Schullehrer wurde dann öö uffgegläärd, der Voder vonn einem Jungen wohr moh Handballnadionalschbeeler gewähn. Ess wohr zwarsch schon lange verrbieh, abber de Driggs hadde hä nidd vergässen.

Unn dann hodd hä öö noch verzällt, worimme hä sich bie dem Blummenlernen immer verdrigged hadde unn nie bimm Schullehrer schdinngeblebben wohr: „Ich honn Sä immer oohngegoggen un gedoochd, woss der alles wees, unn ich kann nidd moh en Abbelbööhm vonn nem Birnbööhm unnerschieren. Von Blummen honn ich öö kinne Ahnung und sallde ich mich dann vähr minnem Jungen blamieren, der immer doochde ‚Minn Babba wees alles!‘ unn desderwechen honn ich mich bie den Blummen immer verdrigged."

Verschdeggeld

Der Kleensde uss dem zwedden Schuljohr knibbede immer de Öochen, wenn hä woss von der Daafel vährlesen orrer obbschriewen sullde. Sinn Lehrer hodd dass nadierlich gemerged und enn gefroochd, ob de Schrefd vom Schulllehrer nidd groß genungh wäre. „Ich weeses nidd, ich kanns doch nidd richdich sähn!“, wohr de Ändword.

Nammiddachs rief der Lehrer bie der Mudder von dem Kleenen ohn unn machde den Vorschlach, moh biem Öochendoggder verbie zu ginn, will hä in der Schuhle wohl Brobleme mit sinnen Öochen hädde. De Mudder verschbrach, sich dorimme zu kimmern und gänz schnell en Dermiehn zu mahn. Noh enn boor Wochen sahs der Kleene immer noch unn knibbede mit den Öochen. Ess hadde öö niggs geholfen, dass hä nu schon lange in der allerirrschden Riche saß.

Der Lehrer machde sich wirre sinne Gedanken un doochde, doh mussde de Mudder nochemoh oahnrufen. Unn woss grechde hä zu heeren: „Minn Kleener hodd schon sidd zwee Wochen ne nuche Brille, sä hadden Reechd Herr Lehrer, sinne Öochen woren wirglich schlächd, hodd der Öochendoggder fesdgeschdahld. Unn jedze hodd hä ne gänz bunde schigge Brille. Hodd hä se dann nidd uffe in der Schuhle? Jeden Moorjen, wenn hä loosgehd, hodd hä se uff der Nohse und wingked mä immer zu.“

Die beeden am Dellefohn verabrededen, den Kleenen moh nach sinner Brille zu fraachen. Wos de Mudder mid ährem Jungen drheeme beschbrohn hadde, wussde der Schulllehrer am nächsden Daache nidd, abber hä krichde disse Ändword: „Ach,

Herr Lehrer, ich wees, du unn minne Mudder hodd middenanner dellefonierd wächen minner Brille. Ich kann diss Dengen abber nidd gelieren unn honn sä drodzdähme drheeme gedröhn. Vähr der Schuhle honn ich se obgezoohn unn hinger dem ledzden Bööm in nem Müüseloch verschdeggeld. Wenn de Schuhle verbie wohr, honn ich se wirre rüssgenommen un uffgesadzd, so hodd minne Mudder niggs gemerged."

Annersder verschdinn

Hä blädderde in der Zierünge und schbrog zu sinner Fröh: „Hossd du dann diss geläsen? Hie ess ne Oahnzeeche: ‚Neue Reifen. Montage kostenlos.' Doss ess joh Schbiddze, mä kunnden nuche Reefen gebruchen, de ahlen sinn obbgefohren. Unn dann öö noch kosdenlos. Abber mä munn am Munndaach glich hinne, doss Oahngebohd es nur fähr dissen eenen Daach."

Unn so wohren sä schon gänz frieh doh, sä wullden de Irrschden sinn, na, bie dem Oahngebohd! Sä sichden sich vier Reefen uss – uffs Gelld bruchden sä hirre jo nidd zu guggen un honn zugegoggen, wie de Reefen uffgezoohn wurden.

Als hä nu losfohren wullde, kohm eener üss dem Büro, fuchdelde mit seenen Oormen un gresch: „Haald, Haald!" „Woss ess dann loose, schdimmed dann woss nidd?", wullde hä wissen, als sä ussgeschdichen wohren. „Dä hodd vergessen zu bezohlen", hurrden sä. Doribber kunnden die beeden nur mid dem Kobbe schiddeln: „Nä, hirre sinn de Reefen doch immesissd, doss honn mä doch in der Zierunge geläsen: ‚Montage kostenlos' unn hirre ess doch Munndaach!"

Da fing der Kerle abber an zu lachen unn erglärde: „Doss heesd Monndaasche unn nidd: am Munndaach. Dä mudd de Reefen bezohlen und mä iwwernemmens Oahnschrüüwen." „Unn worimme hodd dä dann in der Oahnzeeche nidd geschrewwen Monndaasche?"

Ussbrecher

Sä kohmen vom Innköfen uss der Schdohd an ähre Hüssdeere unn grächden en großen Schreggen: Sä wohr offen!

Doh honn sich alle oahngegoggen und gefroochd: „Bessd du als ledzdes rüssgeginn? Hossd du dann die Deere nidd zugezohn?" Keener wussde es, keener kunnde sich erinnern, jeder zuggde mit den Schullern. „Äss dann verlichde een Innbrecher doh gewähn un hodd alles derchenanner gebroaochd? Vadder, geh du moh rinn, bass abber uff, unn wenn hä noch do äss, kimmesde schnell wirre rüss!"

Der Vooder driggede de Deere vährsichdich uff unn guggde im Hüssherrn und luuerde. Hä kunnde niggs sehen unn öö niggs heeren. Mudich schlich hä in de angeren Zimmer – es wohr alles so wie immer. Keene Schbuhren von nem Innbrecher, keene ussenannergedinsden Schränke, alle Deeren unn Schubladen wohren zu.

Midd dä schmuse ich gerne.

„Dä kudd rinnkommen, ess ess alles in besder Ordnüng!“, googde hä noh drüssen. Noch gänz uffgerechd kohmen nuh alle rinn unn wohren froh, doss ess so wohr wie ess wohr. Abber worimme de Deere nu offen gewähn wohr, wusdden sä immer noch nidd. Doss honn sä irrschd am näggsden Daache mirregegrechd.

Alls sä in der Wohnschdubbe vähr dem Fernseher sahsen, hurrden sä, wie jemand an der Klingke von der Zimmerdeere driggede. Die ging uff unn der Kooder kohm ohngeschnurrd. Hä hadde de Deere gänz alleene uffgegrechd, will hä uff de Klingke gehibbed wohr.

Unn doo wohren sich alle eenich, doss hä doss öö gesdern mit der Hussdeere wohr, alls hä moh rüss wullde. „So“, sproog jedze de Mudder, „dann munn mä der Hüssdeere immer mit dem Schlissel zumaahn. Vooder, alle munn enn eechenen Schlissel honn, kimmer dich, doss ess nuh dinne Uffgabe!“

Leddzder Üssweech?

Doss Geld vom Bauschbarverdrach wohr der Ehelieren schon zugesähd, die Zeichnünge fährs nuche Hisschen wohr öö schonn lange ferdich, abber sä kunnden immer noch nidd oahnfangen.

Der Baggerfohrer vom Baugeschäfd froochde alszus: „Woss äss dann nuu, wummäh dann nidd bahle moo oahnfangen?“ Nee, sä kunnden nidd, de Brobleme mit dem Grundschdigge wohren immer noch do.

De Eheliere hadden gesuchd unn gesuchd unn endlich öö woss gefungen. Es wohr een gänz besonneres, mit ahlen Beemen druffe. Abber mit dem Eechendiemer goob es Brobleme ohne Enge. Eemoh wohr hä mit dem angebodenen Gelde nidd zufrer-

Hä paggeds oahn, enn eechenes Hisschen muss sinn.

ren, dann wohr sinn Hisschen zu dichde an dem geblaanden nuchen Hüüs, dann kohm derch doss Dach zu veele Schadden uff sinn Grundschdigge, es wohr dauernd woss zu ännern an dem Blahne. Der Archideggd hadde vähle zu dunn unn de Nerven von den jungen Lieren wohren gänz scheene schdrabazierd.

Eenes Daaches honn sä den Baggerfohrer wirre moh gesähn unn hä hodd glich wächen des nuchen Hüüses gefroochd. Doo honn sä dos gänze Deeaader unn Dercheanner verzahld.

„Ich kanns bahle nidd meh geheehren“, hodd hä gesähd, „do gibbeds nur noch eens, lood den Kerle moo zu uch inn – unn dann: Een orrer zwee Drobben in den Kaffee!“

Kobb abb, Glugge wegg

Hä kannde uss der Schule doss Lied vom Hahne, der nidd meh schreien kunnde. Sä hadden es öö uff Französisch gesungen. Doss alles hadde hä abber länngesd vergessen, bis dann disse Geschichde passierde.

Sinne Fröh unn hä wohren nu Rendner geworren und hadden Zidd fähr en Dröhm, den sä schon lange derchgekädscheld hadden: „Mä schaffen ins Hinner ohn, der Goorden is grohs genung, Gardüffeln kunn mä ins kööfen, dann bruchen mä öö nidd meh so vähle im Goorden rümmkruffen un de Echer kunn mä verkööfen."

So honn sä gedoochd und so honn säs öö gemachd. Zuirrschd wurden Hinnerschdahl unn Drahdzöhn in den Goorden geschdahld unn de Hinner im Kadaloch ussgesuchd. Dobie hadden de Rendner besonners grohsen Schbass, es gibbed so veele hibbsche Hinner mit losdichen Nohmen: Westfälischer Totleger, Lütticher Kämpfer, Vierländer Landhuhn, Eulenbarthuhn, Seidenhuhn, New Hampshire unn Vorwerkhuhn. Enn Hahn mussde öö dobie sinn, hä mussde jo uff sinne Hinner uffbassen.

De Liere von der Nochberschaffd kohmen unn wohren bahle öö Hinnereggsberden unn hadden ähren Schbass an dem Gewusele unn Gescharre im Grase. Abber der Goggel machde den Rendnern doch Brobleme. Hä bassde nidd so richdich uff sinne Hinner uff. Wenn so een großer Greifvogel greisde unn sichde noh Beude, hodd hä doss nidd gemerged unn der Vogel hodd sich eens geschnabbed und mirregenommen.

Abber doss Schlimmesde wohr die Googerei vom Hahne! Hä weggede de Liere nidd nur moorjens schonn fähr vier Uhre, nä, hä krähde bahle den gänzen Daach. Doribber hodd der Rendner sich so sinne Gedangken gemachd und allen Lieren in der Nochberschaffd enn Brief geschrewwen: „Wenn inse Goggel so fähle Krach machd, dass dä Liere dass nidd usshahlen kunnd, kimmed hä als Frigasseh ins Kochedippen."

Alle honn doribber gelachd un gedoochd, inse Nochber machd wirre moh een Schbässchen – bis uff eene. Die hodd emme geändworded, doss ähr diss Gegooge von dem Vieh uff de Nerven gehen däde.

Jo, verschbrochen ess verschbrochen – der Goggel kohm ins Kochedibben. Abber zur Iwwerraschung von allen: De Genervde ess zwee Wochen schbeerer üssgezohn. Der Hahn ess nu dod – unn de Glugge ess wegg!

Inngeschloofen

Der Karle hadde sich bimm Öochendoggder oahngemelded und wohr de Drebbe ruffgeschnüüwed, es ging emme gohr nidd so gudd hirre. Verlichde wohr hä öö son besschen uffgerächd, es wohr sinn irschder Besuch in der nuchen Brakksiss.

Als hä nu de Deere uffmachde, sahs doss Mensche von der Anmeldunge unn delefonierde. Hä wullde nidd schdeeren, winkde emme nur gänz schäämsch zu, ging ins Wordezimmer unn sichde sich eenen Schduhl. Als hä die veelen Badzienden soog, doochde hä: „Doss kann jo ne lange Schohse gähn.“ Wie reechd hä honne sullde!

Alszus koomen nuche Liere, mänche soosen und wardeden, sä hadden Drobben in de Ööchen gegrechd. Eene Fröh mussde uff ähren Mann wohrden, angere gingen weg. Ess wohr een richdiches Derchenanner im Wardezimmer. Doss de Menscher dobie den Üwwerbligg behahlen kunn, dachde der Karle, nohm so ne bünde Zierünge und fing oahn zu bläddern.

Als hä wirre moh hochguggde, hodd hä gemerged, dass nuh wenicher Liere doh saasen. Abber hä hadde kinn Iwwerbligg meh, wanns bieh emme nuh losgehen kinnde. Wohr dann die Fröh, die jedze uffgeroffen wurde, nidd schbeerer wie hä gekummen? Karle kunnde es nidd schbrähn, ess wurde emme öö schwummerich: „Ess ess soo woorme hieh.“ Unn do glimmberde hä midd sinnen Ööchen unn wegg wohr hä. Inngeschloofen!

Uff eemoh grechde hä enn Schreggen, hä hurrde ne Schdimme: „Doh ess joo noch eener, unn ich honn gedoochd, ich kinndes Lichd ussmaahn. Worimme sinn sä dann nidd moh vorne bie mä gewähn? Ich honn sä garnidd uff minner Lisde, der Doggder ess öö nidd mäh doo, hä ess schonn heem.“ „Ess wohr soon Derchenanner inn minnem Kobbe, ich glööwe, ich benn innge-schloofen unn vährheer als ich koohm, honn sä dellefonierd unn doo wullde ich doch nidd schdeeren.“

Gurre Vährschlääche

Im Herwesd hadde hä sinne ahle Hegge rüssgeressen, die werglich nidd meh hibbsch wohr, veele zu grohs unn zu digge unn midd veelen, veelen droggenen Äsden.

Nuh ruddschde hä uff sinnen Knieen und machde n boor Ladden fähr den nuchen Zöhn ohn. Der irschde, der vorbie kohm, wohr sinn Nochber: „Es wird abber öö Zidd, doss de domirre ohnfingesd."

Der neggsde fraachde: „Wedd dann den Zöhn schdreechen?" „Na, klar doch!" „Unn mit welcher Foorwe? Nemm blohs nidd wiss, dos wird zu schnell dreggich!" „Ich wees es noch nidd! Verlichde in schwarz."

Wegg midd den ahlen Schdagedden!

Nu kohm sinne Fröh unn schimmbede: „Du hossd keene Kabbe uff bie der heesen Sonne, hossd schon en gänz rohren Kobb! Ich hohle se dä!“

So vähle Ladden wohren noch nidd fesde, do kohm der nächsde mit nem gurren Rood: „Worimme nimmesde dann kinne Schrüüwen uss Edelschdahl? Die hahlen ewich!“ Unn wirre een kurzes Schwädzchen gehaalen.

Noh ner Schdünne kohm wirre eener unn minnde: „Ess jo gänz hibbsch midd dem Zöhn, abber die Hegge hadd mä besser gefahlen!“ Ob hä midd der Ändword zufrerren wohr?

Der neggsde mussde looswerren, doss sä frieher den Ladden angenacheld hädden unn dass dass hirre mit so nem Schrüüwedengen vähle schneller gidd.

Joh, hodd der Laddenschrüüwer gedoochd, es kinnde alles schneller ginn, wenn ich in Ruhe minne Ärweed machen kinnde. Abber die Ruhe grechde hä nidd.

Ne ahle Fröh kohm vom Innkööfen un machde sich Gedanken übber doss vähle Gelld, woss son Zöhn kosded. „Ach, mä honns doch“, wohr de Ändword. Es schiggede emme so langsam mid der Uffhahlerei.

Kinne zehn Minuden schpärer schdand schon wirre eener do unn machde sich sinne Gedangken übber den Zöhn, unn doss dass alles veele Orweed machd unn lange duuern kinnde. Doo ess dem geduldichen Manne dann doch der Graachen gebladzd und hodd gesähd: „Unn wenn alle, die mich den gänzen Moorjen uffhahlen, mä moh bie dem Anschrüüwen helfen dääden, wäre ich schon bahle ferdich!“ Do zooch hä abber beleidichd abb!

Nachtrag: Der Zaun ist inzwischen aufgebaut und schwarz gestrichen.

Gibbeds nidd

Sä hadden vähr fuffzich Johren gefriched unn wullden in der neggsden Zidd ähre Goldene Hossich feiern.

De Goldbrudd wohr nidd meh gudd uuf den Beenen, sä kunnde kinne Drebben meh gelööfen unn angkede alszus rimm. Do honn der Brierigamm unn de Kenge beschdimmed: Mäh gehen in enn Lokal.

Unn nuh fingen de irschden Brobleme ohn, sä mussden eens sichen ohne Drebben fähr uffs Kloh zu ginn. Alle Lokale, die sä ohngoggden, hadden irchendeenen Haagen: Zu gleen, zu widd wegg, uffs Kloh munn sä de Drebbe ruff orrer runger, ess passde niggs so richdich. Abber wie doss so ess, eemoh glabbede ess dann doch unn sä besichden ne Gasdsdädde in der Nochberschdohd.

Sä hadden sich oahngemelded unn ähre Spiesevährschdellung uffgeschrewwen. Doch der Wird schiddelde jedesmoh den Kobb unn sähde: „Gibbeds nidd!“

Doos wohr den angedoochden Hossichgäsden dann doch irchendwanne zu bunde und sähden: „Wunn sä dann nu Gäsde honn unn öö bedienen, orrer honn sä kinn Indresse?“ Do mergede hä, dass die Hossichsliere son bisschen addzelich wurden und fing mit seenen Vährschlääachen ohn. Sä honn sich dann öö geeinichd, unn de Blanung fähr der Gäsde kunnde ohnfangen.

De Schweecherdochder hodd alles uffgeschrewwen, die Menühkoarde ussgedrugged unn öh die Briefe midd den Adressen ferdich gemaahd. Alls der Brierigamm dann alles kondrollierde, mergede hä wos gänz wichdiches unn froochde: „In welches Lokahl sunn die Liere dann kummen? Doss schdehd jo nidd auf der Koarde.“ Doo fill allen uff, doss sä immer nur vom Herrn „Gibbeds nidd“ geschbrohn, abber kinne Adresse von emme hadden.

Es schdingked

Dr Henner unn ’s Gusdchen hadden zur Silberhossich von Schwaacher un Schwäächerin Koarden fährs Deeaader gegrechd. Sä sullden öö moh von ährem Buuernhoop und dem Schwinnegegwiege wegg unn von der Kulduhre woss mirregrechen, unn hadden gedoochd, de Oberedde vom Schwinnebaron äss doos richdiche fähr die zwee. Der Henner wohr nidd so helle und dodribber gobs jo öö en Lied in der Oberedde unn öö von sinnen Schwinnerchen. „Ja, das Schreiben und das Lesen, das ist nie mein Fach gewesen,… und von Kindesbeinen befasst ich mich mit Schweinen.“

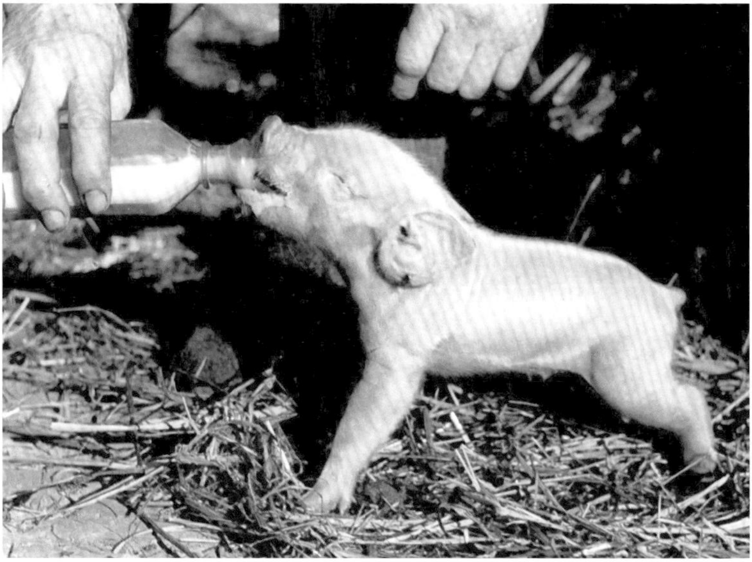

Armes Schwinnchen – wenn de groß bessd, kimmesde in de Ahle Worschd.

Unn nuh sahsen sä in der oochden Riche im Deeaader, hadden sich schigg gemachd und luuerden un wohren richdich schdolz, doss sä öö von der Kulduhre woss mirrekrechden.

Uff eemoh blissbert ’s Gusdchen: „Henner, ich glööwe, hie schdingked woss.“ Abber der Henner heerd niggs, hä hodd nur Ohren unn Ööchen fähr den Kerle uff der Bühne mit sinnem Lied vom „Borstenvieh und Schweinespeck“. Nu schdubbed ’s Gusdchen den Henner am Arme unn blissberd nochemooh: „Henner, richesde dann niggs, es schdingked wirglich.“

Doch hä mergeds nidd. „Henner, hosd du dich dann drheeme öö gewäschen?“ „Du hossd mä de nuche Üngerwäsche doch oon de Boorewänne gebroochd, glaar honn ich mich gewäschen, du hosds doch gesähn.“

Hä wohr son bisschen lühre geworren un die Liere in der Riche dofähr zischelden deswächen. Awwer 's Gusdchen kunnde nidd schdille sinn und fraachde nochemoh. „Hosd dann öö die frischen Schdrümbe ohn, die bie der Üngerwäsche wohren?" „Na, woss dengesd du dann wirre von mä. Awwer doos honn ich mä gedoochd unn deshalb honn ich de ahlen Soggen in die Kibbe geschdobbed. Wedd du die dann jedze honn?"

Fähr de anngeren

Doh schdand hä nu vähr sinnem Bööm. De Noochbersche hadde gegnedd: Hä ess zu hoch, ich honn soo vähle Schadden in minnem Goorden, doss Groos ess voller Moos, im Herwesd nur Lööb von uchem Bööm. Unn hä hadd niddemoh Äbbel drohne, ess ess kinn Vergnüchen domirre.

Der Böömkerle hadde genung vom Gemeehre unn sinne gänz lange Sääche zum Usseannerziehen in sinnen Hängen. Zuirrschd kohmen de kleenen unn dinnen Äsde drohn, die bie emme uffs Grundschdigge wuchsen. Abber die gänz langen noh ooben kunnde hä nidd obbsäächen. Die süüsen mä noch bie der Noochberschen uff ähre Goordenhidde, iwwerläähde hä: „Ich glööwe, ich bruche minne nuche Leider."

Unn doos wussde hä gänz genau, doos hodd emme schon sinn Vooder biegebroochd: Eener muss de Leider fessdehahlen unn wenn kinner doh ess, dann binde se oben an eenen diggen Asd oahn! Dissen Rahdschlach kannden vähle Liere von emme unn hadde öö schonn männchesmoh geholfen.

Kinne leggere Goldparmäne – giffdicher Goldregen!

Hä dinnsde nu sinne Leider in den Bööm, es wohr gornidd so lichde. Alszus wohren Ässde im Wäche, so richdich fesde schdand sä nidd im Groose. De Fröh wohr nidd drheeme, sä wullde innkööfen, also gledderde hä alleene uff de Leider mit ner kleenen Baumsääche in der Kibbe. Sinne Hännge bruchde hä zum Fessdehahlen, so ’n gänz sicherer Kledderer wohr hä noch nie gewähn. Unn dann hirre disse Ärrweed so hoch im Bööm!

Enn besschen schwummerich wohr emme schonn, als hä sinne kleene Sääche uss der Kibbe nemmen mussde. Jedze hadde hä nur noch eene Händ zum Fesdehahlen unn mussde doch den Asd ohnpaggen, den hä obbsäächen wullde.

Also, soo hodd häs brobierd: mid sinnem Büch uff de Leider gedrigged, een Arm zwischen de Schbrossen geschoben un den irschden Asd gepagged. De anngere Händ mid sinner kleenen Sääche an der Leider vorbie genommen unn ohngefangen zu säächen. Doss wohr ne komische Schdellasche, abber hä kunnde en boor Ässde obbgrechen unn runnerschmissen.

Uff eemoh drehde sich sinne Leider oahn de Siehre. Sä schdand gänz schebb im Bööme, hä kunnde sich nidd richdich fesdhahlen, rudschde obb unn hing mit den Beenen in der Loffd. Irrchendwie kohm hä zum Gligge wirre uff de Ähre unn schnüüwede fähr Uffrechunge. Gudd, dass doos sinne Fröh nidd mirregegrechd hadde!

Den angeren Lieren hadde hä immer den gurren Rahd von sinnem Vooder gegähn, hä hadde zwar dadrohn gedoochd, abber geminnd: Mä wird schonn niggs bassieren!

Een „Labben“ fähr zwee

Keen Wunger, doss alle Liere bimm Kinnerwööhn schdinnblebben unn rinnguggen wullden, es wohr jo woss besonneres – Zwillinge. Zwee kleene Määchen unn sä soogen gänz glich uss, es wohren eineiiche Zwillinge. Keener uss der Verwändschaffd kunnde die beeden unnerschieren, jeder frochde immer noh ähren Nohmen.

Als sä nu grisser geworren wohren unn den Kinnergoorden besichden, honn sä doh de Frochen offd derchenanner gebroochd. Das eene Määchen hadde son gleenes dungkles Fleggchen an der lingken Siehre übber der Oberlibbe. Dos blebb, so lange die beeden läbeden, doss heesd: hirre noch.

In der Schuhle honn sä mänchesmoh ussgenudzd, dass keener sä richdich unnerschieren kunnde. Bie Desds unn Üwwerbrüfungen honn sä sich einfach verdauschd unn uff den Bladz von der angeren gesassd.

Fähr eene Lehrerin, die gerne Deader mid den Kengen schbählde, wohren die zwee de besde Besedzung bieh der Geschichde von „Hase und Igel“. Sä wohren immer vähr dem Hoosen biem Weddlööf doh, bis hä dann dohd im Groose loog.

Doss bessde wohr abber die Ebbisoode mit ährem Führerschinn, mänche Liere schbrähn „Labben“ dofähr.

Doss eene hadde bie der Fohrerei nidd uffgebassd unn mussde den Labben obbgähn, es wohr Schuld an dem gabudden Wöhn von dem angeren Fohrer. Unn woss honn die Zwillinge gemachd? Der Labben von der eenen wurde öö der Labben von der angeren. Doss wohr blohs ne Sache der Obbschbrache, nie kunnden sä zur glichen Zidd irchendwo alleene hinne fohren. Das hadd geglabbed!

Nie ess eens moh angehahlen worren, nie woren sä in ner Bollizeikondrolle gewähn! Eechendlich hädden sä goor kinn eechenen Labben gebruchd!

De Gurren fähr ins

Doss hirre uff den Derfern nidd meh so vähle geschloachded wird, hodd der Lehrer uss der Schdohd gewussd. Es gibbed öö nur noch gänz weniche Buuernhööpe mit Schwinnen im Schdalle, de meerschden Buuern büchen bloh Weese, Gerschde orrer Mais ohn.

In sinnem dredden Schuljohre gob es eenen Jungen, der kunnde gänz schbannend von frieher unn ährem Hoop unn von dem Schloochdefesd verzellen. Sä wohren de eenzichen im Dorfe, die noch schloachdeden.

Dobie fill dem Lehrer inn, wie hä als Kend moh uff so nem Fesde bie sinnem Ongkel een Werschdchen oahngemessen grechde. Der gewäschene Darm vom Schwinn wurde vom Medzjer von dem eenen Ohre derchs Müll zum angeren Ohre gezoohn. So grohs wohr dann doss Werschdchen.

Nee, doochde hä zerigge, doos wohr eechlich, abber doss Werschdchen wohr sinns, gänz alleene fähr enn. Der Lehrer froochde den Jungen öö noh der Ahlen Worschd, die hadde emme besonners gudd geschmegged, als hä Kend wohr. Hä hadde den Geschmagg noch in sich drinne, so woss hadde hä bie sinnem Medzjer in der Schdohd nie meh gefungen.

Un do hadde hä ne Idee: „Kann ich bei euch eine Wurst kaufen? Frag doch einmal zuhause und bring mir eine mit!“ Joh, glaar, dos glabbede, der Lehrer kunnde am neggsden Daache drheeme de Ahle Worschd brobieren.

In der Schule hodd enn der Worschdverkööfer am nächsden Daach gefraachd: „Na, wie hodd dann inse Ahle Worschd geschmegged?“ Der Lehrer druggsde son besschen rimm unn minnde: „Na ja, so besonders gut war der Geschmack ja nicht. Ich glaube, ich habe schon bessere gegessen.“ Disse Ändword wohr emme schonn irrchendwie beinlich, abber doos schinn dem Jungen egahl zu sinn und sähde: „Schulllehrer, de gurre Ahle Worschd verkööfen mä öö nidd, die essen mä sällwer!“

Annere Männscher immer

Unn nuh worsch bassierd, ’s Änne ess schwanger. Doh wohr de Uffrechung abber groß. De gurren Roodschläche „Pass blohs uff“! hadden niggs geholfen, doss wohr kinne gurre Uffglärung. De Vährwürfe vom Vooder an sinne Fröh woren lüüre unn unnödich: „Du bessd Schuld, hossde emme dann niggs biejebroochd? Annere Männscher immer, abber wenn innse Änne eemoh, dann bäddsch.“ Hä wohr so schäämsch, dass hä emme öö nidd gesähd hadde, woss alles bassieren kinnde, wenn me sich mid nem Kerle innlässd.

Unn nu worsch bassierd unn de Blanung fähr de Fricherei fing ohn. Alles mussde schnell ginn, bevor die Liere uff der Noochberschafd schonn den gleenen Büch gewahre wurden. „Woss sunn dann de angeren Liere schbrähn? So eene Schande! Unn ussgerechned inns bassierd doos! Unn 's Änne ess doch noch kinne ninnzeehn Johre ahld unn noch nidd ferdich midd der Lehre!"

Doss gänze Geangke unn Geschimmbe half jo öö nidd – sä machden enn Dermihn bimm Parr. Ähr Kend unn der Vooder vomm Bääbi unn sinne Ellern woren mirre dobie unn honn iwwer alles geredd. Der Parr wohr schonn lange in der Kerchengemeene, hadde schonn veele verfriched und gedööfd unn unger de Äähre gebroochd.

Hä kannde öö 's Änne, ess wohr eens von sinnen irrschden Dööfkengen, als hä als junger Parr kohm. Unn hä wussde öö noch von der Uffrechunge unn dem Geduschele und Gekädschele der Liere übber de Ellern vom Änne.

Sä mussden nämlich öö frichen unn bruchden sogar de Zuschdimmung von ähren Ellern. Dass hadden sä ähren Kengen abber nie verzelld. Sä wohren damahls noch kinne eenunzwannzich, doss heesd: noch nidd „volljährig".

Als der Parr ferdich wohr midd sinnen Erinnerungen, hadden der Vooder unn de Mudder vom Änne ähr Fedd obbgegrechd unn der Vooder wurde so gleen wie eener mid Huhd unn blisberde: „Jo dahmals, vähr so fählen Joohren goobs doch noch keene Bille."

Sä hodds gewussd

Sä wohren zum vierden moh Weldmeesder im Fussball geworren und sahsen fähr der Hüssdeere uff der Bankg unn erinnerden sich an alle Endschbähle. Der Walder wussde alle Doorschüdzen von 1954 unn 1974: Helmut Rahn, Max Morlock, Gerd Müller und Paul Breitner. Sinn Freund Friedrich kannde die öö noch, abber gänz sicher wohr hä sich nidd.

Doss in Rom der Andeas Brehme den Ellfer fährs 1:0 geschossen hadde unn in Brasilien fähr drei Wochen in der Verlängerunge der Mario Götze der Held wohr, dass hadde hä noch in sinnem Kobbe. Die beeden wohren schonn iwwer oochdzich unn mänchesmoh son bisschen vergesslich, abber bimm Fussball wohren sä voll bie der Sache.

Doss allerirrschde Endschbähl hadden sä midd vählen, vählen angeren Männern in der Gneibe gesähn. Die meerschden Liere hadden 1954 noch kinne Gloddze in den Wohnschdubben und so honn sich de Fussballeggsberden in ner Gneibe gedroffen. Der Wird hadde sich eggsdra fähr disses Endschbähl enn Fernseher gekööfd, schwarzwiss wohren die Dennger damahls mit nem gleenen Bildschirm.

In der Gneibe wohren nur Männer, de Frochen blebben drheeme. Die uffgerächden Mannsliere machden so eenen firchderlichen Gwallm mit ähren Zigaredden, doss alle kümme de Fußballer von Deudschland un Unngarn erkennen kunnden. Unn alls dos Schbähl vorbie wohr, sinn alle derchenanner gehibbed, honn gegooged und en baar öö gegrischen, es wohr en Wunnder bassierd: Das Wunder von Bern.

Die beeden sahsen immer noch uff der Bank unn doochden oahn alle Endschbähle unn de Drähner: Sepp Herberger, Helmut Schön, Franz Beckenbauer und Joachim Löw. Sä iwwerlächden dann öö noch de Nohmen von den Schbielführern, die den Bogahl als irrschdes in den Hänngen hadden, kohmen abber nidd uff deen vom Schbeel in der Schwidzz. Sä simmelierden unn simmelierden, ess fill enn nidd inn. Ess wohr joh öö schonn soo lange hehr!

De Deere vom Hüüse ging uff unn de Fröh minnde: „Fritz unn Walter, dä kudd rinnkommen! Der Kaffe ess ferdich!" Joh, unn doh ess ess den Eggsberden inngefallen, der Nohme vom Schbielführer in Bern wohr Fritz Walter!

Mä sinn Weldmeesder unn honn gefeierd.

„m“ nidd „n“ !

In der Zidd, als alle Liere in ähre Foddoabberade noch enn Film rinnfummeln mussden, kohm der Karle an sinner Droggerih vorbie. Die goob es schonn fähr dem zwedden Weldgrieche, der Vadder von jedzichen Besidzer hadde in den drissicher Johren die Regahle uss Holz selber uffgestahld. Unn drinnen sah ess so uss, als lächen doh noch veele Sachen uss der Zidd. Doh wohr öö noch Bohnerwachs, woss keener mee bruchd, de meerschden Holzdeelen in den Hissern wohren länngesd mit Schdraguhla orrer Debbichborren zugedegged.

An der Inngangsdeere fill dem Karle enn Blakahd uff: XXX – Ein Film, auf dem Sie scharf sind. Oh, hodd hä gedoochd, doss ess gudd, dass ess disse Filme jedze öö hieh gidd. Dann bruche ich nidd meh noh Kassel in die schbeziellen Geschäffde zu fohren.

Hä drigged de Deere uff und wohr froh, doss kinn angerer Kunde drinne wohr. So nen Film hadde der Karle öö in sinner Droggerih noch nie verlanged. „Ich well so nen scharfen Film“, blisberde hä unn wohr iwwerraschd von der Ändword: „Karle, so woss honn ich abber nidd, doh mussde noh Kassel fohren. Du weesd doch, doh gidds so besonnere Geschäffde.“

Abber der Karle erglährde, dass hä dass doch uff dem Blakahd an der Deere gelesen hadde. „Do schdehds doch schwarrz uff wiss: Ein Film, auf den Sie scharf sind. Unn den well ich unbedingd kööfen. Wenn du so woss nidd hassd, deffsd du öö kinn Blakahd uffhängen!“ Hä wohr enn bisschen azzelich geworren. „Jo, Karle“, mussde hä nuh vom Droggeriekerle heeren, „ich glööwe, du hossd fähr Uffrechung nidd richdich hinngegoggen, do

Doos es enn scharfes Foddo.

schdehd: Ein Film, auf d e m Sie scharf sind. Doss heesd, wenn du dissen Film in dinnem Abberahd hossd, sinn die Foddos gänz besonners gudd.“ Doss wohr dem Karle abber beinlich!

Arachnophobie

Nä, dä Liere, doss ess kinn Ussdrugg uss Nordhessen, der schdehd biem Doggder in sinnem schlauen Buche unn minnd: Anngesd vähr Schbinnen honn. Vähle Liere googen, wenn sä so enn Dier sähen, orrer kunn sich nidd bewächen vähr Anngesd.

Disse Geschichde erzähld von ner Omma unn ährem Engkel. Abber nidd de Omma, der Engkel hodd disse ferchderlichen Brobleme mit dem Dier.

Hä wohr von gleen uff Ommas Schäddzchen unn wohnde öö uff der glichen Edasche neben ährer Wohnung in sinnem Kinnerzimmer. Wenn hä uss der Schuhle kohm, hadde sä gekochd und bassde uff, dass hä sinne Uffgaben machde. Vooder un Mudder freuden sich, dass alles mit Omma und Kend so gudd glabbede, sä kohmen irschd gen Oowed von der Ärweed heem.

Uss dem Engkelchen wurde mid der Zidd enn großer schbordlicher junger Mann, der biem Dennis un Handball vähle Schbass hadde.

Wie ofd kohm hä heem unn erzällde der Omma von sinnen Erfolchen! Abber, wenn hä uff der Drebbe orrer in sinnem Zimmer ne Schbinne sohg, wurde hä een gänz angerer. Hä googede ganz lühre um Hilfe: „Omma, Omma, schnell, hie äss ne Schbinne!“ Hä schdannd dann schdiff wie enn Schdogg doh unn bewächde sich keenen Millimeder meh. De Omma wussde schonn, woss sä machen mussde: Mit nem Schdaubsaucher in der Händ kohm sä unn sauchde doss Gewidderdengen inn.

Bimm allerirrschden Moh hadde sä de Schbinne mit nem Läddschen an der Wänd gegnäddschd. Dissen Flegg kunnde hä abber nidd gelieren und so kohmen die beeden uff die Idee mit dem Rohr vom Schdaubsaucher. Domirre hadde ne Schbinne an der Degge öö kinne Schangse.

Unn wenn dann doss Undier nu endlich gefangen wohr, mussde de Omma öö noch enn gleenen Blassdigbiedel mit nem Gummiring iwwer dem Rohr fesdemahn. De Schbinne sullde uff keenen Fall russgrabbeln. Doss wohr immer ne uffrächende Brozeduhre, unn mussde sinn, öö, wenn de Omma schon mid dem Nachdhemmed im Bedde loog!

Hä wohr wie Till

Hä süsde mid sinnem nuchen Modorrade immehär unn alle Liere guggden hinger emme hähr unn dochden sich ähr Deel. So furchdbar gudd gelieren kunnden enn de meerschden nidd. Sinne Schbässerchen erinnerden vähle an de Geschichden von Till Eulenspiegel, der de Liere immer uff de Schibbe nohm. „Woss hä jedze mid sinnem nuchen Modorrade wirre oahnschdellen wird?"

Dä kudd es glööwen, es duuerde nidd lange un der Schorsche wohr im Gerede: Hä hadde gesehn, wie s' Mardchen mid dem Innkööfskorb uff dem Weech noh drheeme wohr, hield oahn unn frachde: „Mardchen, wedd dann enn Schdigge mirrefohren, dann schdich uff!"

Der Korb driggede gänz scheene unn ess gledderde hingen uffs Modorrad. Mid der eenen Händ mussde ess den Korb hahlen unn mid der angeren hield es sich am Schorsche fesde. Der süsde nu los, abber nidd dohinne, wos Mardchen wohnde, nee – ans Ennge vom Dorfe!

Schdollz wie Oskar uffs nuche Modorrad.

Am Ordsschilde blieb hä schdinn un sähde: „So, Mardchen, ich honn dich een Schdigge mirregenommen uff minnem nuchen Modorrade, ich well ins neggsde Dorf, nu mussde obbschdichen!" Als sä nu schimbede, will sä gedoochd hadde, hä wullde sä heemfohren, grichde sä als Ändword: „Doss honn ich nidd gesähd, ich hadde nur gefraachd, ob du en Schdigge mirrefohren wulldesd. Unn doss honn ich so gemachd." 's Mardchen hadd den Schorsche een Johr nidd meh oahngegoggen!
Zwee Wochen schbärer draf hä sinnen Kumbel Friddze uff der Schdrohse. Der schuldede emme noch zwanzich Marg, hä kunnde ne Reberadure am Händwöhn nidd soford bezahlen. Doss wohr abber öö schon lange här und der Schorsche hadde jedze die Idee: „Ich fohre dich uff de Schbohrkasse, da kannsde minn Geld holen und dann ess alles erledichd." So honn die zwee doss öö gemachd.

Abber als sich der Friddze noh der Bezahlerei fähr der Schborkasse wirre hingen uffs Modorrad sedzen wullde, sähde der Schorsche: „Nä, doss wohr nidd obbgeschbrohn! Ich honn gesähd, ich fohre dich u f f de Schbohrkasse, von zerigge mid mä wohr kinne Reede!“ Von doh oahn wohren sä kinne Kumbel meh!

Een „t“ zu wenich

De Kenge hadden sich in der Schuhle mid dem Schullllehrer moh iwwer de Nohmen ungerhahlen, abarde iwwer de Familiennohmen. De Kenge sullden dobie öö Schbass honn un so grechden sä vom Schullllehrer de Nohmen von sinnen Lehrern oahn de Daafel geschrebben: Löwe, Bär, Stieglitz, Henne, Hahn. Unn der Direggder von enn, also der Uffbasser, wohr der Herr Weidemann. Eens von den Kengen minnde dozuh: „Doss wohr jo en richdicher Zoo.“

Als nuh alle de Nohmen in ährer Klasse unnersuchden, mergeden sä, mänche honn mit Berufen zu dunne: Schäfer hieß eener, ne angerer Jäger unn enn Schmied goobs öö noch.

Jedze ging abber de Forscherei richdich los, alle Kenge honn zusammen vähle Nohmen gesammeld: Müller, Schuster, Schneider, Förster, Kellner, Beckenbauer wohr öö dobie. Een Määchen kohm dann uff die Idee gänz losdiche Nohmen zu sichen: Wagenrad, Bauchspieß, Mühlschwein, Knallkopf, Hölzenbein. Ein Fußballeggsberde kannde deen uss der Weldmeisderelf unn erglähde allen: „Nä, der hadd kinn Holzbeen, der heesd nuhr soo, der kann schnell lööfen!“

Dann frachde eener von den Kengen den Schullehrer: „Ich heese Bachmann, wo kimmed dann der Nohme her?“ Alle iwwerlechden un minnden: „Frieher honn gänz sicher welche uss dinner Familie an eenem Bach geleebed.“ Dann goobs noch Erglärungen fähr den Nohmen Eckel. „Die honn verlichde irchendwo an eener Egge gewohnd.“

Als de Schdünne bahle rimm wohr, verzellde der Schullehrer, doss vähle Nohmen annersder geschrebben wären als sä glingen. Unn hä hadde an der Daafel disse Lisde: Schmied, Schmitt, Schmidt, Schmiet, Schmihd, Schmittz. Bis morjen sullden de Kenge im Delefonbuch alle Nohmen rüsssuchen, die von dem Beruf „Schmied“ schdammen unn öö de Vährnohmen uffschriewen.

Der Schullehrer sälwer mussde am Nammidaach Zeuchnisse fähr sinne Kenge schriewen. Jedes Kend grichde enn boor Säddzchen rinngeschrewwen, woss es alles schon kann unn woss es noch besser mahn missde.

Doss hä in een Zeuchnis abber sellwer en Fehler rinnwurschdelde, hodd hä nidd gemerged. Irrschd, als der Vooder vom Tobias unnerschriewen mussde, wurde der Fehler gefungen. Schdadd Tobias Sch m i t t schdand Tobias Sch m i t im Zeuchnis. Do mussde der Schullehrer nochemoh rann! Unn woss grechde hä vom Vooder zu heeren? „Das wird man von einem Lehrer doch wohl erwarten können!“

Roorer Kobb

Jedesmoh, wenn de Eheliere ooweds nochemoh ne Ründe imms Karreeh machden, honn sä sich geärjerd iwwer de Bische vom Noochber. Die hingen gänz widd iwwer den Zöhn unn gradzden enn derchs Gesichde.

Hä wullde disse Äsde obbbrechen, abber sä hadde gemergked: „Doss ess Flieder, bahle gibbeds scheene Blühden drohne. So lange kunn mä noch woaorden.

Oaochd Daache schbeerer wohren sä wirre uff dem Weeche unn dadsächlich, es roch so hibbsch unn de Blühden fingen oaohn uffzugehn. Hä wullde gerare een Zweech obbrubben, doh kohmen angere Liere vorrbie. Hä schdobbede sinne Hännge wirre in de Kibbe unn blisberde zu sinner Fröh: „Mä brobierens morrjen nochemoh."

Am neggsden Oowed hadden sä de Schehre fähr de Braadhähnerchen ussenanner zu schnieren mirre – ne Goordenschehre bruchden sä nidd, sä wohren joh kinne Goordenbesidzer. Keener kohm – unn so kunnde hä schnieren, sä bassde uff!

Midd den obbgeschneddenen Zweechen unnger der Jagge wohren sä schnell wirre in der gurren Schdubbe unn sichden ne bassende Wahse uss dem Schrangke.

De Schere fährs Geflüüchel hadde schleechd geschnedden, es soog ferchderlich gerubbed uss. Na ja, der Wahse wohs egahl!

Woss grechde de junge Fröh von der Noochbersche am neggsden Morrjen uffm Wäch zum Innkööfen zu heeren? „Also, ich well enn moh woss schbrähn! Liere gidds, doss glööwen sä nidd! Hodd mä doch eener gesdern Oowed ann minnem Flieder rummgerubbed! Wenn hä doch wenichsdens ne Goordenscheh-re genommen hädde! Soo sidd minn hibbscher Busch gänz schregglich uss!"

„Joh, joh, Liere gidds, mä kunns nidd glööwen", minnde de jun-ge Fröh unn wohr froh, doss sä kinn rooren Kobb grechde unn schnell zum Innkööfen mussde.

's Dengen ging loos

In eener gleenen Aggerbuuernschdohd lebde enn armer Schlugger mid sinner Fröh, 'n poor Kengen un zwee Zeechen. Sä kunnden keen Schdroh bimm Buuern kööfen fähr ähre Diere unn so ging hä immer in den Wahld unn hullde dreeches Groos und Lööb. Sinne Zeechen honn dodruff gelächen und öö ge-schessen. Der ahle Mesd kohm dann noh drüssen fähr den Schdall uff den Mesdhööfen unn wurde im Herwesd im Goorden inngegroowen.

Hirre nohm hä sinnen Handwöhn, drei Sägge unn den ahlen Rechen unn machde sich uffn Weech. Das duerde iwwer ne Schdünne, bis hä doh wohr unn oahnfangen kunnde. Mit sinnem Rechen gradzde hä alles hibbsch zusammen uff eenen Hööfen unn wullde gerare die Sägge vullschdobben, do soog hä eenen Feldhoosen.

Hie sinn de „Hasenschützen“ drheeme.

Der hobbelde hin unn her unn hadde gor kinne Angessd vähr dem Manne. Unn als hä eemoh Männchen machde, hob der arme Schlugger sinnen Rechen hoch, zielde zum Schbass uff den Hoosen, schbrog: „Peng!“, unn grichde eenen Doorenschreggen. Der Hoose wohr doch dadsächlich immegefallen und loog im Groose! Abber nu schnell hinne unn enn in eenen Sagg geschdobbed, doochde der Kerle, doh honn mä drheeme moh wirre Fleesch zu essen.

In dem Momende, als hä den Hoosen an sinnen langen Ohren paggde, mergede hä sällwer eene Händ in sinner Angke. Der Förschder hadde enn am Schlawiggel und sähde: „He, du, doss ess minn Hoose, den honn ich geschossen. Du bessd joh een Wilddieb!“ „Ach, Herr Förschder“, schdodderde hä vor Uffrechunge, „ich honn doch nidd gedoochd, doss diss Dengen hieh loosgeehn kinnde!“, unn zeechde uff sinnen aahlen Rechen.

Von dem Daache ohn heesen de Liere in disser gleenen Schdohd: „Hasenschützen“.

Unn wenn dä wissen wudd, wie die Schdohd heesd, gugged moh im Indernedd ünger: „Dreiburgenstadt im Edertal.“

Gurre Freunde

Verlichde kennd dä doss Lied vom Kaiser: „Gute Freunde kann niemand trennen“. Nä, nidd vom Roland Kaiser vom Kaiser Franz, joh, dem Beckenbauer. In der Hiddbarahde wohr es nie. Gudd, wenn me Freunde hadd, uff die me sich verlassen kann unn die enn doos gänze Lähwen begleiden.

Mid sinnen zwee Freunden hodd hä schonn eewich unn immer en gurres Usskommen. Sä honn als Kenge zusammen geschbähld, sinn zusammen in der Schuhle gewähn, honn heimlich de irrschden Zigaredden gerööchd, sich iwwer de Määchen unnerhahlen, die in ähren Ööchen blohs so doofe Gluggen wohren unn eemoh honn sä sogar uff ner Wisse dreeches Groos ohngeschdeggd. Am neggsden Daach kohm der Bolizisde unn hodd den Ellern unn enn den Kobb gewäschen, sä sullden besser uff ähre Kenge uffbassen unn sä sullden sowoss nie meeh widder maahn.

Hä kunnde sinne Freunde gudd gelieren.

Abber an eenem Daache im Johr hodd hä iwwer die zwee lüüre geschimmbed. Sä hadden am glichen Daach im Herwesd Geburdsdaach unn hä wohr dozuh inngelooren. Zu disser Zidd in den fuffzicher Joohren goob es kinne uffgeschrewwenen Innloorungen. Ess wurde gesähd: „Du kimmesd doch“ – unn gudd wohrsch.

Soo, unn nuh? Wie machde hä doos? Hä kunnde doch zu keenem schbräähn: „Ich kann nidd, ich gehe bie den anneren Freund.“ Also hodd hä den eenen zum Kuchenessen am Nammidaach besichd, will es doh immer besonners leggeren Kuchen goob, den hä soo gerne hadde. Abber genn Oowed ess hä zu dem anneren geginn, doh goob es dann Ahle Worschd. Die schmeggede emm doh besonners gudd, sä schlaachdeden noch selber unn bruchden se nidd biem Medzger zu kööfen.

So hadde nidd sinn Kobb iwwer die Innloorungen endschieden, sonnern sinn Büch.

Innse Ellern wohren schon Freunde, mä sinns öö.

Weitere Bücher aus der Region

Nordhessen –
Im Land der Brüder Grimm
Farbbildband
Rainer Sander
deutsch/english/francais
72 S., Hardcover, zahlr. Farbfotos
ISBN 978-3-8313-2764-4

Nordhessische
Küchenklassiker
Diebchen, Ahle Worscht und
Weggewerg
Ira Schneider
96 S., Hardcover, zahlr. Farbfotos
ISBN 978-3-8313-2479-8

Wanderungen im Landkreis
Kassel
Die Eco-Pfade
Harald Kühlborn/Thilo F. Warneke
160 S., Klappenbroschur, zahlr.
Farbfotos
ISBN 978-3-8313-2294-7

„Im Märzen der Bauer …“
Geschichten und Anekdoten aus
Nordhessen
Katharina Schaake
80 S., Hardcover, zahlr. S/w-Fotos
ISBN 978-3-8313-2434-7

Wartberg-Verlag GmbH
Im Wiesental 1 34281 Gudensberg
www.wartberg-verlag.de

Bücher für Deutschlands Städte und Regionen
Tel. 0 56 03 - 93 05 0
Fax. 0 56 03 - 93 05 28